ORAISON FUNÈBRE

DE

MONSIEUR JOSEPH BRIAND

CURÉ-DOYEN DE QUESTEMBERT

PRONONCÉE DANS L'ÉGLISE DE CETTE PAROISSE

LE 3 MARS 1887

Par l'Abbé Max. NICOL

Chanoine honoraire de Vannes.

———

Se vend 0f,25 au profit des Écoles chrétiennes du diocèse.

———

VANNES

IMPRIMERIE GALLES, RUE DE LA PRÉFECTURE.

—

1887.

ORAISON FUNÈBRE

DE

MONSIEUR JOSEPH BRIAND

CURÉ-DOYEN DE QUESTEMBERT.

Vitam petiit a te, et tribuisti ei, Domine.

Il vous a demandé la vie, et vous la lui avez accordée, Seigneur.

(Ps. XX et off. des conf.)

MES FRÈRES,

Près d'une tombe à peine fermée, ce qu'il convient surtout de faire entendre, c'est la prière, puisque la douleur y trouve son expression la plus haute et puise dans cet acte de charité la plus douce des consolations. Aussi, n'est-ce point un discours que je viens aujourd'hui prononcer devant vous. Le monde peut décerner à ses amis de bruyants honneurs et de stériles apothéoses ; mais nous, gardant autour de nos chers morts le recueillement qui convient à la tristesse chrétienne, nous laissons de côté les éloges retentissants, pour étudier, à la lumière sereine de la vérité, les enseignements qui ressortent d'une belle vie, afin de nous exciter à mieux faire, en rappelant les vertus de ceux que nous pleurons.

Lorsqu'un homme, ayant reçu de Dieu les dons de l'esprit et les qualités du cœur, a vaillamment accompli sa tâche ; lorsque, toujours docile à la volonté d'en haut, il a travaillé pour les âmes et que, dans l'harmonieuse unité d'une vie pleine de mérites, il a été le guide d'un grand nombre, le modèle de ses frères, l'ami de tous, raconter sa vie, c'est le faire parler dans la mort — *defunctus adhuc loquitur* — et continuer après lui le bien qu'il a fait par ses exemples. Voilà pourquoi, mes Frères, je viens, en cette circonstance solennelle, rappeler devant vous ce qu'a été dans son existence trop courte bien que déjà longue, vénérable et discret messire Joseph Briand, curé-doyen de Questembert, chanoine honoraire de la cathédrale de Vannes.

I.

Il naquit, à Concoret, le 13 mars 1828, dans une de ces familles patriarcales qui sont la force et la gloire de notre Bretagne. Une humble demeure, quelques arpents de terre fécondés par un travail opiniâtre, voilà tout ce qu'elle possédait ; mais à cette situation modeste s'ajoutait un riche patrimoine de probité, d'honneur et de foi. Bonne, aimante, pieuse, la mère comprenait sa mission avec cette haute intelligence que donne la pratique des vertus chrétiennes ; le père, ancien soldat redevenu laboureur, était une de ces natures énergiques et loyales qui ne savent pas transiger avec le devoir, sous quelque forme qu'il plaise à Dieu de l'imposer. Chrétien sans peur, toujours prêt à donner l'exemple de la piété et du travail, ce paysan avait la vraie noblesse qui conquiert l'estime. Ses compatriotes aimaient à le proclamer le modèle de la paroisse.

L'enfant grandit dans cette atmosphère de foi. Pour aider à la formation de son âme, l'éloquence de souvenirs récents venait compléter ces nobles et salutaires leçons.

A cette époque, on n'était pas loin encore des années terribles qui avaient marqué la fin du dernier siècle. La fermeté des croyances se ravivait au souvenir des persécutions, et, le soir, au foyer de la famille, les vieillards rappelaient, dans d'émouvants récits, les exemples d'héroïque fidélité qui ne furent pas rares en ce pays chrétien.

La pieuse famille avait compté parmi ses membres un prêtre intrépide qui était demeuré ferme à son poste de péril et de dévouement, pendant les sombres jours de la Terreur. On avait vu l'abbé Guillotin continuer, malgré tous les obstacles, sa sainte mission, et trouver, au milieu d'alertes continuelles, le temps d'écrire ce mémorial édifiant et curieux que l'on appelle *le registre de Concoret*.

L'âme de son jeune parent subit naturellement l'influence de ces généreux exemples et de ces pieuses traditions. A le voir obéissant et grave, studieux et bon, on apercevait déjà dans sa maturité précoce le germe de sa vocation future. C'est Dieu qui choisit et appelle — *non vos me elegistis, sed ego elegi vos ;* (1) — mais souvent il prépare de loin la formation de son élu ; il favorise dans une famille, pendant de longues années peut-être, l'épanouissement de la piété ; puis, le moment venu, il prend un de ses ministres parmi les rejetons de ces solides chrétiens, et récompense les pères par la vocation des fils.

Nous pouvons croire qu'il en fut ainsi pour celui que nous avons connu et aimé. Tout petit encore, il recherchait les hommes et les choses de Dieu. Quand un des prêtres de la paroisse visitait la maison paternelle, l'enfant le contemplait avec une admiration naïve ; il aimait à le voir et à l'entendre, et quand on l'interrogeait sur les désirs intimes de son cœur, il répondait avec une timidité qui n'excluait pas la confiance : Je serai prêtre aussi moi !

(1) S. Joan. xv, 16.

Dès lors on pouvait dire de cet enfant de prédilection : *vitam petiit a te... Domine* : Seigneur, il vous a demandé la vie ; non plus seulement cette vie commune à tous les chrétiens, que donne le baptême et qu'entretient la grâce ; mais cette vie surabondante, ce pouvoir mystérieux et divin qui distingue vos ministres.

Tout concourait à faire croire à la réalité de cette vocation. Son esprit avide de savoir aimait le vrai ; son cœur, innocent et bon, se portait comme instinctivement vers le bien ; sa conscience avait la délicatesse qui caractérise les âmes d'élite.

Se promenant un jour dans la campagne, il prit machinalement un fruit sur un arbre qui appartenait à quelque voisin. Mais aussitôt sa probité s'alarma de cette légère atteinte à la propriété d'autrui, et d'un geste violent il rejeta par-dessus la haie le fruit qu'il ne voulait pas conserver.

Heureux et fier de cette vocation qui semblait se manifester si clairement, son excellent père n'aurait eu garde de contrarier ses désirs ; il lui permit de prendre les premières leçons de latin et comprit bien vite ce que cette riche intelligence pourrait produire un jour. Mais cet homme sage, ce vrai chrétien, désirant conformer en tout sa volonté à la volonté de Dieu, jugea bon de soumettre à une épreuve la vocation de son fils. « Laisse tes livres, lui dit-il un jour, le travail presse, j'ai besoin de toi. » Et il l'emmena aux champs. Mais l'épreuve ne fut pas de longue durée ; à la tristesse de l'enfant, il comprit la sincérité de son désir, et, tranquille dès lors, il ne songea pas à mettre obstacle aux desseins du ciel.

Après les études préliminaires, il fallut penser au collège. Les pieux parents durent, croyons-nous, s'imposer des sacrifices pour envoyer leur fils au Petit-Séminaire de Sainte-Anne. Mais ils étaient du nombre de ces âmes qui savent se gêner pour le bien de leurs enfants et la gloire de Dieu.

Le nouvel élève leur fit honneur. Pour lui, le collège fut la continuation de la maison paternelle ; sa piété, son assiduité au travail, sa conduite exemplaire le firent aimer de ses maîtres ; la bonté de son cœur et cette affabilité qui faisait dès lors le fond de son caractère lui gagnèrent l'affection de ses condisciples, et ce n'est pas sans émotion que nous avons entendu, au bout de près d'un demi-siècle, plusieurs de ses amis d'autrefois rendre témoignage aux qualités de celui qui mérita toujours leur estime fraternelle et leur cordiale sympathie.

Le succès venait récompenser les efforts du laborieux étudiant ; mais tout en travaillant au développement de son intelligence, il travaillait surtout à la formation de son cœur. Car s'il est vrai que le cœur fait les éloquents, il fait aussi les forts ; et le prêtre doit être fort, au milieu des difficultés qu'il rencontre et des obstacles qui se dressent sous ses pas.

II.

Sa décision était prise : il serait prêtre. S'il avait pu
avoir quelques doutes sur sa vocation, ils s'étaient
dissipés à l'ombre du sanctuaire célèbre où sainte
Anne met au cœur de ses enfants le feu divin qui fait
les chrétiens solides, les prêtres fervents, les apôtres
intrépides et — quelquefois — les martyrs.

La transition entre le petit et le grand Séminaire
lui fut facile. La règle austère qu'on y impose aux
élèves du sanctuaire n'avait rien qui pût effrayer son
courage ; son esprit se mouvait à l'aise au milieu des
grandes questions qui sont le fonds de la science ecclé-
siastique ; sa volonté tendait par des efforts continuels
au but ardemment désiré. Maître de lui-même, il
pouvait accepter de diriger les autres dans la voie
du salut.

Il fut ordonné prêtre le 27 mars 1852, et nommé, le
même jour, vicaire à Nivillac. Son but était atteint ;
sa prière, exaucée. La vie surabondante que dès son
enfance il demandait à Dieu, il l'avait obtenue ; et Dieu
lui avait accordé la gloire incomparable, le grand
honneur du sacerdoce — *gloriam et magnum decorem
imposuisti super eum* (1). C'était le commencement du
divin travail. Dieu appelle pour l'action — *Posui vos
ut eatis* (2). — Il faut marcher, s'oublier soi-même, se
sacrifier, s'il est nécessaire, pour les âmes et pour lui.

(1) Psal. **xx**, 6 et off. conf.
(2) S. Joan. **xv**, 16.

Le nouveau vicaire fut, dès le début, à la hauteur de sa mission.

Bien vite les paroissiens remarquèrent son zèle à remplir tous ses devoirs, son exactitude dans l'accomplissement du saint ministère, son empressement à se faire tout à tous pour éclairer les âmes et les fortifier. Le recteur de cette importante paroisse, qui se connaissait en hommes, ne tarda pas à apprécier la valeur de l'auxiliaire que lui avait envoyé la Providence. Il lui donna son affection avec son estime, et cette union de deux esprits sérieux ou plutôt de deux âmes faites pour se comprendre survécut à la séparation.

Onze années s'écoulèrent dans ce ministère fructueux pour les âmes, et l'humble vicaire continuait avec le même zèle à réaliser la parole du Maître : *Posui vos ut eatis, et fructum afferatis.* Ouvrier laborieux dans le champ du Père de famille, il trouvait sa récompense dans la sympathie qui l'entourait et dans le sentiment du devoir généreusement accompli, prêt à continuer sa tâche, aussi longtemps qu'il plairait à Dieu, dans la chrétienne population qui avait eu les premières années de sa vie sacerdotale.

L'obéissance lui fit un devoir d'accepter les fonctions si importantes de l'enseignement. Nommé professeur de troisième au Petit-Séminaire de Sainte-Anne, il quitta, non sans peine, le peuple qui l'aimait, et se livra, avec la ténacité qu'il mettait toujours dans l'accomplissement du devoir, aux travaux que lui demandait sa situation nouvelle. C'était un changement complet dans son existence. Revenir, après quinze ans, aux détails minutieux de la grammaire ; se remettre à des études souvent arides, lesquelles n'étant pour lui d'aucune utilité, interrompaient forcément celles qui, jusque-là, avaient nourri son intelligence des richesses fortifiantes de la théologie, c'était un labeur ardu et ingrat. Mais il savait voir plus haut que sa satisfaction propre, et, pendant trois ans, il se donna tout entier à ses élèves, comme il s'était donné autrefois aux paroissiens de Nivillac.

En 1866, il fut ramené à des études plus en harmonie avec les habitudes de son intelligence, et c'est avec joie qu'il prit possession de la chaire de philosophie, où l'appela la confiance de ses supérieurs. Dans ce haut enseignement, son esprit accoutumé à se diriger avec méthode, put se donner libre carrière et s'appliquer à la solution des grands problèmes, qui l'attiraient. Possédant à fond les questions qu'il devait exposer, il aimait à multiplier les détails, à répéter sous des formes diverses les explications nécessaires, et la clarté jaillissait de ses raisonnements qu'il revêtait toujours d'une forme sévère et simple, pour les faire pénétrer plus facilement dans l'esprit de ses jeunes auditeurs.

En dehors de ses fonctions professorales, il savait oublier, de la manière la plus aimable, l'austérité de son enseignement. Bon pour ses confrères, qui tous étaient plus jeunes que lui, il avait gagné sans peine leur confiance et leur affection. Pour plusieurs, il devint un guide, et ceux-là surtout purent connaître la bonté de son cœur.

Homme de science et de bon conseil, il était heureux de prêter aux autres le secours de son expérience. On pouvait se fier à sa prudence, car s'il donnait une décision, ce n'était qu'après avoir mûrement réfléchi, pour éclairer à la lumière des vrais principes les difficultés qu'on lui proposait.

L'homme d'un vrai talent, quand il est pieux, a toujours cette simplicité aimable qui prend sa source dans l'humilité. Le mérite de M. Briand était relevé encore par cette qualité qui conserve et fait ressortir toutes les autres. Des hommes qui, dans le monde, sont fiers de leur science — souvent superficielle et vaine — auraient passé sans doute près de cet humble prêtre, sans comprendre sa valeur. Mais nous, qui avons eu le bonheur de connaître cette âme, à qui plaisaient l'ombre et le silence, nous savons quels trésors abritait sa modestie, qui nous le rendait plus cher.

—————

III.

Dieu vous le destinait, mes Frères. Il voulut, avant
de vous le donner, le placer près de vous, comme
pour vous préparer à le connaître et à l'aimer. Nommé
recteur de Péaule en 1872, il reprit, avec la même
obéissance et le même dévouement, le ministère qu'il
avait si bien rempli pendant les premières années de
son sacerdoce. Mais la situation était différente. Tout
honneur est un fardeau : chargé du soin d'une paroisse,
il comprit ce que lui imposait son titre de pasteur. Il
aima les âmes qui lui étaient confiées, il mit à leur
service sa science, son zèle, sa vie. Cette paternité
surnaturelle, qui fait la gloire et la responsabilité du
prêtre, avait, ce semble, dilaté son cœur.

Trois ans passèrent vite dans ce ministère laborieux
et fécond. Puis il vint à vous. Pendant douze ans, sa
vie fut mêlée à la vôtre ; vos peines ont été ses peines,
vos joies ont été ses joies. Vous l'avez vu, tout entier
à la direction de cette belle paroisse, se renfermer
dans une sorte de retraite volontaire, que sanctifiaient
la prière et l'étude ; fuyant le bruit, recevant avec une
affabilité constante ceux qui venaient le visiter. Vous
avez apprécié ce caractère naturellement timide, qui
se faisait violence quand il fallait agir, et tendait
énergiquement au but. Vous avez admiré cette discré-
tion qui appelait la confiance et permettait de ne rien
craindre quand on lui ouvrait son cœur. Vous avez
remarqué peut-être la sensibilité de cette nature déli-
cate, qui s'épanouissait sous l'influence d'une bonne
parole, et compatissait à la douleur des autres avec

un empressement qui doublait le prix de ses consolations.

Que vous dirais-je, mes Frères, que vous ne sachiez déjà ? Son âme était forte, car elle avait cette foi vivante que saint Jean Chrysostôme compare à une lampe illuminant les profondeurs les plus intimes de notre être : *Fides lampas est ; quia sicut lampas illuminat domum, ita fides animam* (1). Aussi, comme il aimait la Croix, dont il portait toujours sur lui un fragment vénéré ! Comme il aimait la sainte Vierge, qu'il priait avec un filial amour et qu'il était heureux d'honorer par des manifestations solennelles ! Je me rappelle sa joie, quand il put bénir dans ce sanctuaire une belle statue de N.-D. de Lourdes, à laquelle des mains pieuses avaient dressé un gracieux piédestal. Je me rappelle son désir, tant de fois exprimé, de compléter dignement la vaste église qu'avaient bâtie votre générosité et le zèle de son prédécesseur.

La mort est venue l'arrêter, avant le temps, au milieu de ses pieux projets et de ses nobles travaux.

Il y a vingt-cinq ans, sa mère, revenant de la messe, un dimanche, tombait sur le chemin qui conduisait du bourg à son village. Le même mal, terrible et soudain, l'a terrassé, entre le presbytère et l'église, après que, le matin même, il avait rempli ses fonctions de pasteur.

Je n'ai pas besoin de vous rappeler ce jour de deuil (2), qui fut pour lui le dernier ; la stupeur que produisit cette foudroyante nouvelle ; la douleur de tous,

---

(1) Super illud Matt., XII : *Volumus a te Signum videre.*

(2) 16 février 1887.

qui montra combien il était aimé ; la solennité de ses obsèques, où pendant l'adieu suprême il semblait nous regarder encore. Nous pouvions lui appliquer les touchantes paroles de saint Bernard racontant la mort d'un saint : « Son visage tranquille disait avec quelle tranquillité il avait franchi le suprême passage.... Quand il fut mort, on le croyait vivant... Sur son visage restèrent l'apparence de la vie et la sérénité d'un doux sommeil (1). » Tel nous apparut une dernière fois celui que nous pleurons.

Dieu l'a pris dans sa force, alors qu'il pouvait vous donner encore de longues années d'affection et de dévouement. Votre reconnaissance n'oubliera pas ce qu'il a fait pour vous ; il était de cette race d'apôtres à qui Jésus disait : *Posui vos ut eatis et fructum afferatis, et fructus vester maneat.* Je vous ai placés (au milieu du peuple) pour que vous portiez des fruits, et que ces fruits demeurent. Le souvenir de son zèle les conservera parmi vous, et bientôt, nous l'espérons, un autre père, bon comme lui, dévoué comme lui, viendra continuer son œuvre, en travaillant à la sanctification de vos âmes. Notre Évêque qui l'aimait et qui vous aime, me charge de vous apporter l'assurance de sa religieuse condoléance et de son paternel intérêt.

Et maintenant, mes Frères, recueillis devant Dieu entre le souvenir et l'espérance, adorons les décrets du Ciel et prions. Pour des âmes comme celles de votre bon pasteur, la mort la plus soudaine n'est jamais imprévue, car la vie entière est une préparation à la

____

(1) *Vultus placidus placidi exitus indicium fuit... Mortuus vivere... putabatur... Eadem vivacitas vultus, serenitas eadem, qualis apparere solet in dormiente.* (S. Bernard, vie de s. Malachie, chap. XXXI.)

lutte suprême, que Dieu abrège parfois dans sa miséricorde : *Non potest male mori, qui bene vixerit* (1). Prions cependant, afin que soit réalisée — si elle ne l'est déjà — cette belle et glorieuse parole : *Posuisti in capite ejus coronam de lapide pretioso* (2). Seigneur, le serviteur que vous avez choisi pour lui donner l'honneur du sacerdoce, a reçu maintenant la couronne de gloire, qu'il gardera pendant l'éternité. Ainsi soit-il.

(1) S. Augustinus, *de doctrina Christi*. — (2) Ps. xx 3.